Lustige Tiergeschichten
für Erstleser

Mit Silbentrennung zum leichteren Lesenlernen

Lustige Tiergeschichten für Erstleser

Mit Silbentrennung zum leichteren Lesenlernen

Mit Bilder- und Leserätseln

Arena

Ein Verlag in der *westermann* GRUPPE

Der Bücherbär
1. Auflage 2021
© 2021 Arena Verlag GmbH, Rottendorfer Straße 16, 97074 Würzburg
Dieser Sammelband enthält die Einzeltitel: „Schwein gehabt! – Lustige
Tiergeschichten", „Zack und seine Freunde – Dino-Abenteuergeschichten" und
„Das Känguru trägt keine Schuh – Tierische Abc-Geschichten in Reimen"
Alle Rechte vorbehalten

Texte: Ulrike Kaup, Frauke Nahrgang, Erwin Grosche
Innenillustrationen: Uta Bettzieche, Susanne Schulte, Pina Gertenbach
Cover: Pina Gertenbach
Gesamtherstellung: Westermann Druck Zwickau GmbH
Printed in Germany
ISBN 978-3-401-71769-2

Besuche den Arena Verlag im Netz:
www.arena-verlag.de

Inhaltsverzeichnis

Ulrike Kaup
Schwein gehabt!
Lustige Tiergeschichten   11

Frauke Nahrgang
Zack und seine Freunde
Dino-Abenteuergeschichten   49

Erwin Grosche
Das Känguru trägt keine Schuh
Tierische Abc-Geschichten in Reimen   87

Ulrike Kaup
wurde in Gütersloh geboren. Sie sitzt gern in Cafés und
schreibt Geschichten. Am liebsten in einem fernen Land. Und
eines Tages vielleicht mit einem schokoladenbraunen Hund.

Uta Bettzieche,
geboren 1966, studierte an der Hochschule für Grafik und
Buchkunst in Leipzig und am Pratt Institute New York.
Heute ist sie als freie Illustratorin für verschiedene Verlage
tätig und wurde 2003 mit dem ersten Preis der
Stiftung Buchkunst ausgezeichnet.

Ulrike Kaup
Schwein gehabt!

Lustige Tiergeschichten

Bilder von Uta Bettzieche

Inhalt

Schwein gehabt!   14

Der Schatten-Dieb   24

Rosas Wunsch   36

Lösungen   46

Schwein gehabt!

Pedro Pinguin freut sich.
„Heute gewinnen wir
gegen Schafe 04,
denn die Giraffe
steht im Tor!",
ruft er über die Wiese.

ER BALL iST ROND!

VORWÄRTS

PEDRO

Da singen die Fans
begeistert:
„Egal wie hoch
die Bälle fliegen,
Giraffe wird sie
alle kriegen."

15

Doch die Schafe
sind nicht dumm.
Sie schießen den Ball
ganz flach
über den Boden.

So kullert der Ball
zwischen den Beinen
der Giraffe
hindurch.

„Tor, Tor, Tor!",
jubeln da die Schafe.

 Welches Schaf hält sich nicht an die Regeln?

WIR STÜRMEN VOR.

„Es ist
noch nichts ver**lo**ren!",
feu**er**t Pe**d**ro
die Pin**gu**ine an.

Vorwärts!

18

Und während er
von der Seite angreift,
stolpert er plötzlich
über etwas Viereckiges.

„Blöde Kiste!",
jammert Pedro.
Und die Schafe
wundern sich:
Aus der Kiste
guckt ein Schwein heraus!

SPORT IST GESUND!

„Bravo!",
quiekt das Schwein.
„Ihr habt mich gefunden!
Ich spiele nämlich
Verstecken."

21

„Du kommst wie gerufen",
sagt die Giraffe.
„Stell dich ins Tor!
Und ich stell mich davor!"

Endlich kann der Ball
nicht mehr durchkullern.
Schwein gehabt!

Der Schatten-Dieb

Einmal trifft der Esel
das Krokodil.

„Wo ist dein Schatten?",
fragt er verwundert.

24

Verdattert dreht sich
das Krokodil
um sich selbst.

„Dein Schatten
ist auch verschwunden",
entgegnet es endlich.

25

Oje!
Da sind noch andere Tiere,
die ihren Schatten vermissen!

WER HAT MEINEN SCHATTEN GEKLAUT?

26

Welche Tiere werfen keinen Schatten?

27

„Wer hat bloß
unsere Schatten stibitzt?",
fragt der Elefant.
„Wenn ich den erwische!"

„Bitte nicht aufregen!",
sagt da plötzlich
das Känguru.
„Ich wollte eure Schatten
nur ausleihen."

„Ausleihen?
Ich verstehe nur Kakadu",
sagt der Hahn.

„Heute fliege ich nämlich
nach Australien",
erklärt das Känguru.
„In die große rote Wüste.
Da wollte ich
ein paar Schatten mitnehmen."

„Bestimmt,
weil es im Schatten
so schön kühl ist",
stellt das Schwein fest.

„Ganz genau!",
bekräftigt das Känguru.

„Und wo sind dann bitte
unsere Schatten?",
schnattert die Ente.

„Das ist es ja gerade",
fährt das Känguru fort.
„Als ich die Schatten
in meinen Beutel gelegt habe,
sind sie verschwunden."

„Ist doch klar!",
schimpft die Kuh.
„In deinem Beutel
ist es dunkel.
Und nur wo Licht ist,
ist auch Schatten."

Zum Glück
scheint auch
am nächsten Tag
die Sonne.
So werfen alle Tiere
wieder einen Schatten.
Nur das Känguru nicht.

34

Denn wenn bei uns
die Sonne aufgeht,
geht sie in Australien
gerade unter.

35

Rosas Wunsch

Um fünf in der Früh
wacht Schweinchen Rosa
fröhlich auf.
Gleich gibt es
Eierkuchen
mit Pflaumenmus.

36

Doch da
geht Rosas Lieblingskleid
nicht mehr zu.
So rund ist sie geworden.

Doktor Uhu muss helfen!,
denkt Rosa und macht sich
eilig auf den Weg.

DR. UHU
FACHARZT FÜR
KLEINE UND GROßE
WEHWEHCHEN

„Hm",
sagt Doktor Uhu ratlos.
„Ein Schwein ist kein Rehlein."

Aber Rosa will nicht mehr
rund sein.
So gibt ihr Doktor Uhu
einen Zaubertrank.

Frohgemut kehrt Rosa heim
und probiert
den magischen Trank.

Doch als sie
am nächsten Tag aufwacht,
ist aus dem runden Bauch
ein eckiger geworden.

Rosa geht gleich los
zu ihrem Freund, dem Esel.
„Bist du krank?",
fragt der Esel erschrocken
und holt ein Fieber-Thermometer.

41

Auch das Schaf
ist erstaunt.
„Viel zu viele Ecken",
blökt es.
„Ich würde mich so
nicht wohlfühlen
in meinem Fell."

42

Und die Kuh schüttelt sich
vor Lachen und singt:
„Ringel, rangel, Rose,
das ging in die Hose …“

Da hat Rosa
nur noch einen Wunsch:
Bitte wieder rund sein!

Im Schweinsgalopp
geht es nach Hause.
Dort macht sich Rosa
eine große Kanne Kakao.
Und wenn alles gut geht,
ist sie morgen wieder
kugelrund.

44

Welches Tier hat auch den Zaubertrank getrunken?

45

Lösungen

Seite 17

Das Schaf rechts über der Frage jongliert – und es trägt
Rollschuhe.

Seite 27

Der Elefant und der Frosch werfen keine Schatten.

Seite 45

Der Hahn hat auch den Zaubertrank getrunken.

Frauke Nahrgang,
geboren in Stadtallendorf, hat sich als Kinderbuchautorin einen
Namen gemacht. Sie war Grundschullehrerin und beschäftigt
sich schon seit vielen Jahren mit dem Erstleseunterricht.

Susanne Schulte
absolvierte nach ihrer Ausbildung zur Schauwerbegestalterin
ein Grafik-Design-Studium mit Schwerpunkt Illustration. Heute
ist sie als freiberufliche Illustratorin für verschiedene Verlage
tätig. Sie lebt und arbeitet in Münster.

Frauke Nahrgang
Zack und seine Freunde
Dino-Abenteuergeschichten

Bilder von Susanne Schulte

Inhalt

Glück gehabt!   52

Hilfe für Rixi   60

Abenteuer in der Nacht   67

Das Dino-Ei   76

Lösungen   83

Glück gehabt!

Zack Dreihorn ist
ein kleiner Dinosaurier.

Mit seiner Mama
und der ganzen Herde
lebt er in einem Tal
zwischen grünen Hügeln
und schroffen Felsen.

In einer Pfütze
entdeckt Zack sein Spiegelbild.
Er sieht drei Hörner
und einen kräftigen Schnabel.

Ein echter Triceratops!
„Gut sehen wir beide aus!",
sagt Zack zufrieden.

☞ Was für ein Dinosaurier ist der kleine Zack?

T-Rex

Flugsaurier

Apatosaurus

Triceratops

Da ruft eine Stimme
von oben:
„Du hast ja
gar keinen Hals!"

Erschrocken schaut Zack auf.
Ein Langhals!
Hochnäsig
stolziert er davon.

Neidisch schaut Zack
dem Langhals nach.
Toll sieht er aus!

Und bestimmt kann er
die zartesten Blätter naschen.
Denn die wachsen immer
ganz oben.

Zack streckt seinem Spiegelbild
die Zunge heraus.
Traurig trottet er heim
zu Mama Dreihorn.

„Warum habe ich
keinen langen Hals?",
fragt Zack traurig.

„Weil du dann nicht
mein liebes kleines
Dreihörnchen wärst",
erklärt Mama Dreihorn.

Ach so!
Daran hat Zack
gar nicht gedacht.

Schnell läuft Zack
zurück zur Pfütze.
Er flüstert
seinem Spiegelbild zu:
„Puh!
Da haben wir beide
noch mal Glück gehabt!"

☞ Warum hat Zack Glück?

Hilfe für Rixi

„Hilfe!"
Zack horcht auf.
Was ist da los?
Ist jemand in Gefahr?

Ja! Rixi!
Eine Schlingpflanze
hält ihn fest.
Das geschieht ihm recht!

☞ **Wo ist Rixi?**

Rixi gibt oft damit an,
dass er fliegen kann.
Zack möchte auch gern
fliegen können.

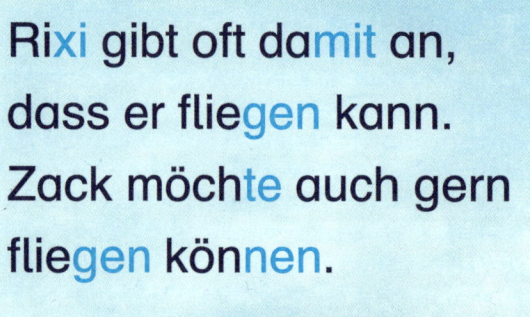

Aber Rixi sagt immer:
„Dazu bist du
viel zu schwer,
weil du so gefräßig bist."

☞ Warum kann Zack nicht fliegen?
Überlege selber!

„Zack, hilf mir!",
jammert Rixi.

Natürlich wird Zack ihm helfen.
Aber nicht sofort.
Eine Weile lässt Zack
den Angeber noch zappeln.

Die Schlingpflanze
ist zart und saftig grün.
Und wie sie duftet!

Zack läuft das Wasser
im Mund zusammen.
Ob er mal probieren soll?

Vorsichtig nimmt Zack
einen kleinen Happen.
Hm, wie köstlich!

Munter knabbert er weiter.
Schnell wie der Wind
hat er die ganze Pflanze
verputzt.

Erleichtert schlägt Rixi
mit seinen Flügeln.
„Gut, dass du so gefräßig bist!",
seufzt er.

Zack leckt sich den Schnabel.
„Das finde ich auch",
sagt er zufrieden.

☞ Warum ist Rixi froh,
dass Zack so gefräßig ist?

Abenteuer in der Nacht

Was für eine herrliche Mondnacht!,
denkt Zack.
Aber die ganze Herde schläft.

Zack weckt Mama Dreihorn
und jammert:
„Ich bin noch gar nicht müde!"

Die Mama murmelt nur:
„Kleine Dreihörner
brauchen viel Schlaf,
damit sie groß
und stark werden."

Schon schnarcht sie wieder.
Wie langweilig!

Zack schleicht sich davon
und steigt auf einen Hügel.
Toll!
Das ganze Tal liegt
ihm zu Füßen.

Aber halt!
Was ist das für ein Lärm?

Der rauchende Berg
am Ende des Tals
grummelt zornig.

Was hat er bloß?
Sonst pustet er doch nur
harmlose Rauch-Kringel aus,
überlegt Zack.

Plötzlich hört Zack einen Knall.
Der Berg spuckt Feuer.
Ein glühender Strom
fließt zu Tal.

Gut, dass Zack hier oben
nichts passieren kann!

☞ Was ist da gerade passiert?

Aber was ist mit Mama
und den anderen Dreihörnern?
Die ahnen doch nichts
von der Gefahr.

Oh nein!
Schnell läuft Zack
den Abhang hinab.

Wie kommt Zack zurück zu seiner Herde?

Zack ruft, so laut er kann.
Davon wachen alle auf.

In letzter Sekunde
können sich die Dreihörner
in Sicherheit bringen.

Zack ist der Held der Nacht.
Immer wieder soll Zack erzählen,
wie er seine Herde gerettet hat.

Aber plötzlich wird er
schrecklich müde.
Er murmelt:
„Kleine Dreihörner
brauchen viel Schlaf,
damit sie . . ."

Und schon fallen ihm
die Augen zu.

Das Dino-Ei

„Zack", sagt Mama Dreihorn.
„Ich hole Futter.
Pass bitte auf unser Ei auf!"

Das macht Zack gern.
Das Ei ist nämlich
das schönste Ei der Welt.

Plötzlich bebt die Erde.
Die Stachelrücken stampfen vorbei.

„Trampelt doch nicht so!",
ruft Zack besorgt.

Aber es nützt nichts.
Das Nest wackelt hin und her,
und das Ei rollt davon.

„Halt!"
Zack rennt hinterher.

Doch das Ei rollt
immer schneller
und landet im See.

Platsch!
Weg ist es.

Das griesgrämige Krokodil
schimpft:
„Wer hat mir dieses Ding
an den Kopf geworfen?"

Wütend schleudert es
etwas an Land.
Das Ei!

☞ Warum schimpft das Krokodil?

Das Ei fällt zu Boden.
Es knickt.
Es knackt.
Die Schale splittert.
Das Ei zerbricht.

Oh nein!
Zack ist verzweifelt.

Was fiept denn da?
Zack traut
seinen Augen nicht.

Aus der Schale schaut
ein winziges Gesicht
mit drei kleinen Hörnern.

„Juhu!", jubelt Zack.

81

Was kommt aus dem Ei?

Das schönste Ei der Welt
ist kaputt.
Aber dafür hat Zack jetzt
ein Schwesterchen.

Und das ist natürlich
das süßeste Schwesterchen
der Welt.

Lösungen

Triceratops

Seite 54:

Zack ist ein Triceratops.

Seite 59:

Wenn Zack ein Langhals wäre,

dann wäre Mama Dreihorn nicht seine Mutter.

Aber Zack ist ja ein Dreihorn.

Deshalb hat er Glück gehabt!

Seite 61:

Hier hat sich Rixi versteckt:

Seite 62:

Zack kann nicht fliegen, weil er keine Flügel hat.

Seite 66:

Rixi ist froh, dass Zack gerne Schlingpflanzen isst.

Denn ohne Zack wäre Rixi nicht so schnell freigekommen.

Seite 71:

Der rauchende Berg ist ein Vulkan.

Er ist gerade ausgebrochen.

Seite 73:

So kommt Zack zurück

zu seiner Herde:

Seite 79:

Das Krokodil schimpft, weil ihm das Dino-Ei

auf den Kopf gefallen ist.

Seite 82:

Aus dem Ei schlüpft

ein kleiner Triceratops.

Erwin Grosche

Er ähnelt keinem Supermann,
er ähnelt einem Frosche.
Auch weil er sehr laut quaken kann,
der kleine Erwin Grosche.

Er spielt mit Wörtern ab und an
und sagt statt Tusche Tosche,
damit es sich schön reimen kann
mit ihm, dem Erwin Grosche.

Pina Gertenbach
geboren 1982, hat an der Hochschule Mannheim
Kommunikationsdesign studiert. Sie lebt und arbeitet als
freiberufliche Designerin und Illustratorin in Berlin.

Erwin Grosche
Das Känguru trägt keine Schuh

Tierische Abc-Geschichten in Reimen

Bilder von Pina Gertenbach

Ein Aal fliegt durch das All
ganz schnell mit Überschall
und wünschte sich so sehr:
„Ach wär ich doch im Meer."

Warum wäre der Aal
lieber im Meer?

Der Bär frisst gern Bananen,
und Brötchen mag er auch.
Ihr könnt es schon erahnen,
sonst brummt sein Bärenbauch.

Er frisst auch gerne Beeren
egal ob rot, ob blau.
Das kann man gut erklären,
denn Beeren machen schlau.

? Welche Dinge mit B
kannst du essen?

Der C-Falter Walter
flog gegen den Schalter
und löschte das Licht aus
im Haus.

Dann kam der Coyote
und hob seine Pfote
und machte das Licht an,
sodann.

Nur das Chamäleon
hörte gern Grammofon
und schimpfte empört: „Hört!
Das stört!"

Lass die Drachen nicht erwachen!
Denn sie brauchen ihren Schlaf.
Wenn die Drachen mal erwachen,
sind sie gar nicht mehr so brav.

Lass die Drachen nicht erwachen!
Weil sie Morgenmuffel sind.
Wenn die Drachen mal erwachen,
merkst du gleich: Ein Drache spinnt.

Sicherlich gibt's liebe Drachen,
die mit uns nur Witze machen.
Doch die andern Drachen, nein,
lade sie nicht zu dir ein.

Hurra! Hurra! Hurra!
Der Elefant ist da.
Er läuft durch unsre kleine Stadt
und trampelt alle Autos platt.
Hurra! Hurra! Hurra!
Der Elefant ist da.

Was machen die Flamingos?
Sie stehn auf einem Bein.
Es kann zuerst das linke
und dann das rechte sein.

Welcher Flamingo steht
auf dem rechten Bein?

Glühwürmchen machen glücklich
und leuchten in der Nacht.
Sie haben dir ausdrücklich
ein Lichtlein angemacht.

Das leuchtet hell im Dunkeln.
Sonst sieht man es doch nicht.
Und folgst du diesem Funkeln
führt dich das Würmchen-Licht.

Nimm im*mer* da*rauf* Rück*sicht*,
und pus*te* es nicht aus!
Denn oh*ne* das Glüh-Rück*licht*,
fin*dest* du nicht nach Haus.

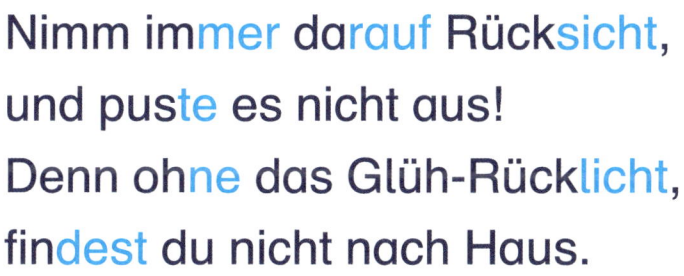

Der kleine Hase Hannibal,
der hoppelt schnell zum Hühnerstall.
Da gackern alle Hühner froh:
„Ist denn schon Ostern irgendwo?"

Der Igel ist ein Stacheltier.
Drum komm ihm nicht zu nah!
Sonst zeigen seine Stacheln dir:
„Wir sind zum Piksen da."

Ich kenne einen Jaguar,
der heißt mit Namen Waldemar.
Der ist nicht nur beim Jagen fit,
der singt auch alle Lieder mit.

In Japan ist er Superstar!
Da kennen alle Waldemar.
Auch weil er sehr gut jodeln kann,
das kommt bei den Japanern an.

Oh jodeli, oh jodelo!
Das Jodeln macht uns alle froh.
Und triffst du mal den Waldemar,
dann jodle mit dem Jaguar.

Das Känguru
trägt keine Schuh.
Hüpft immerzu.
Hüpft immerzu.

Der Kakadu,
der singt dazu.
Und was machst du?
Und was machst du?

Das Lama kann gut spucken.
Es spuckt zwei Meter weit.
So schnell kann man nicht gucken,
schon spuckt es auf dein Kleid.

Die Spucke klebt wie Kleister,
spuckt es mit aller Kraft.
So wurd das Lama Meister
bei der Spuck-Meisterschaft.

Die kleine Maus Veronika
war vor der Miezekatze da
und mampfte allen Käse auf.
Doch danach hieß es:
Lauf, lauf, lauf!

Das Nashorn, das heißt Nashorn,
weil es ein Horn besitzt.
Das sitzt an seiner Nas vorn,
bis einer es stibitzt.

Doch wäre dort ein Rüssel
und saugte elegant
viel Wasser aus der Schüssel,
dann wär's ein Elefant.

Die Orang-Utan-Bande
ist sehr bekannt im Lande.
Sie haut auch mächtig auf den Putz,
da braucht man einen Ohrenschutz.

Die Orang-Utan-Lümmel,
die lieben das Getümmel.
Weil keiner sie dort finden kann.
Drum fang gleich mit dem Suchen an.

? Wie viele Orang-Utans
haben sich versteckt?

Der Panther, der Panther
wird immer eleganter.
Erst will er wohnen im Hotel,
dann trägt er nachts ein Löwenfell.

Der Panther, der Panther
wird überall bekannter.
Erst sah man ihn im Zoo ganz froh,
nun dreht er Filme irgendwo.

Quallen kann man sich anschauen.
Schön für alle, die sich trauen,
die den Quallen-Tanz erleben,
wenn sie durch das Wasser schweben.
Quallen sind schön wie das Licht,
streicheln würde ich sie nicht.

Wenn Rabe Rudi Urlaub hat,
dann fliegt er in die große Stadt
und mietet sich als Angebot
ein rabenschwarzes Ruderboot.

Dann rudert er aufs Meer hinaus.
Dort kennt sich Rudi bestens aus.
Auch weil er gerne Fische mag
an seinem ersten Urlaubstag.

Und bringt er dann das Boot zurück,
genießt er noch sein Urlaubsglück
und tauft kurz vor dem Abendbrot
das Ruderboot zum Rudi-Boot.

Eins, zwei, drei, vier, Seestern,
schwimmst du in dem See gern?
Fünf, sechs, sieben, acht, neun, zehn,
lass dich mal am Himmel sehn.

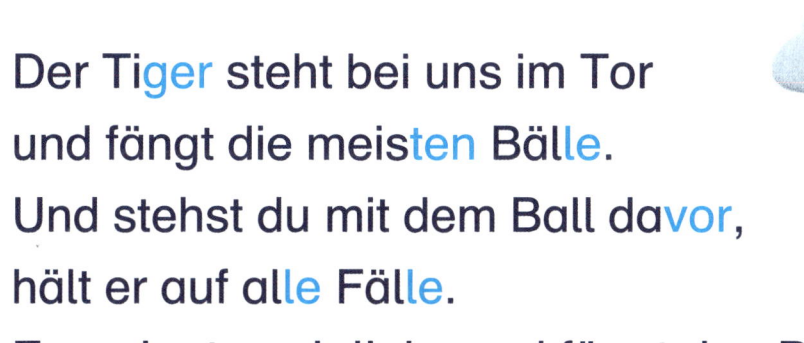

Der Tiger steht bei uns im Tor
und fängt die meisten Bälle.
Und stehst du mit dem Ball davor,
hält er auf alle Fälle.
Er springt nach links und fängt den Ball.
So kennen wir den Tiger.
Er ist der Beste überall
und heißt bei uns „der Sieger".

Der Uhu heißt nicht nur Uhu,
er macht auch „UHU!" immerzu:
Begrüßt den Mond, begrüßt die Nacht.
Selbst wenn er einmal heimlich lacht,
macht der Uhu einfach „UHU!"
und stört damit die Abendruh.

Hallo, Onkel Vielfraß,
was gab es zu fressen?
Wer vier Eis am Stiel aß,
kann das nicht vergessen.

Hallo, Onkel Vielfraß,
machst du dich doch stadtfein?
Wer sogar den Stiel aß,
müsste doch jetzt satt sein.

Wer schwimmt im Wasser ohne Schal?
Das ist der Wal, das ist der Wal.

Wer ist auf seinem Kopfe kahl?
Das ist normal, das ist der Wal.

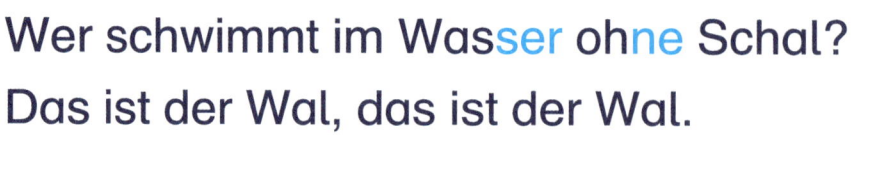

Und siehst du heute einen Wal,
dann grüße ihn wohl tausendmal.

Er grüßt zurück, der gute Wal,
mit einem großen Wasserstrahl.

Weil hier kein Tier mit X beginnt,
man sich ein Wort zusammenspinnt.
Man nehme nur ein kleines Huhn,
mit X davor wird es zum Xuhn.

So gibt es manches neue Tier:
Selbst aus dem Stier wird so ein Xier.
Probiert es selber einmal aus.
Dann wird die Maus auch schnell zur X...

Hoch auf dem Berge Yagerak
da wohnt der Yak, da wohnt der Yak.

In Eis und Schnee ist er auf Zack,
der starke Yak, der starke Yak.

Trägt alle Kinder huckepack.
Das macht der Yak, das macht der Yak.

Ein Zebra klagt in einem Zoo:
„Ich kann es nicht begreifen!
Sieht mich ein Auto irgendwo,
dann stoppen seine Reifen."

Das liegt, das weiß doch jedes Kind,
an seinen Zebrastreifen.
Wenn sie am Boden vor uns sind,
dann stoppen alle Reifen.

Lösungen:

Seite 89
Der Aal kann im Meer schwimmen.

Seite 91
Mit B beginnen:

Seite 97
Dieser Flamingo steht
auf dem rechten Bein.

Seite 109
Es verstecken sich fünf Orang-Utans: